夢物語

高見沢 天
Ten Takamizawa

文芸社

まえがき

私は子供の頃から変わった夢をよく見ます。忘れる夢も沢山あるのですが、50歳近くなった今でも、記憶に残っている夢があります。私の夢物語を読者の皆様に楽しんでもらえれば幸いです。また不思議な体験も数多くしています。そんな体験の一部もこの本で紹介して、新未来まで皆様の心の中に残してもらえれば最高です。

夢物語　目次

- まえがき 3
- 動物編 熊 9
- 動物編 蛇 11
- 動物編 ライオン 14
- ミステリー体験 16
- 日本海中部地震があった日のミステリー体験 18
- 浅間山の爆発 20
- 大津波 22
- 空飛ぶ編 パート1 25
- 空飛ぶ編 パート2 28
- UFO 30

宇宙編　パート1「2015年宇宙への旅」
宇宙編　パート2　35
金縛り編　パート1　38
金縛り編　パート2　43
エロス編　パート1　47
エロス編　パート2　49
幻視（幻覚）編　52
異次元編　54

動物編　熊

動物編　熊

ここは八ヶ岳山麓にある、小さな小学校です。新学期が始まり、小学3年生になった私は、放課後友達4人と、学校の近くにある山の中で、かくれんぼをして遊んでいました。そこはちょっとした広場になっていて、ジャンプすれば渡れそうな小川も流れています。大きな岩場に隠れたり、ブッシュの中に隠れたり、木登りをしたりといろいろです。5人で集まり私が鬼になり、30数えたらさがすことになりました。

その時です。山の斜面の熊笹が、ガサガサと音をたてました。突然大きな熊

が現われました。みんな蜘蛛の子をちらすように逃げだしました。私はちょっと逃げ遅れた感じでした。熊は小川をジャンプして逃げた2人のほうに行きかけましたが、突然振り向き、熊と私の目が合ってしまったのです。恐怖のあまり、心臓が口の中から飛び出しそうになりました。ほかの2人は小川をジャンプして、反対の方向に逃げていきます。私は下りの斜面をかけ下りました。「たのむからこちらに来ないでくれ」と祈りましたが、熊は非情にも私を追いかけてきました。「何を私をおそうんだよ」とののしりますが、恐怖とあせりで足がうまく運べず、熊が近づいてきます。足がもつれて転んでしまいました。当然熊はおそいかかってきます。

そこで夢から覚めましたが、汗で下着がビショビショでした。夢から覚めても「何で私の方向に来たの」と、納得のいかない私でした。

動物編　蛇

私の子供の頃は、田んぼ、畑、山林、どこを歩いても蛇と出くわしたものです。家の中で掛けぶとんをめくったら、蛇がいたこともありました。家の近くの畑では、4、5メートルもあるアオダイショウを見たこともあります。農地改革で、小さな田から大きな田まですべて均一に整備したあたりから、年々数が減っているのではないでしょうか。ちょっとさびしい気がします。しかし、私は蛇は苦手です。今でも不気味に感じます。突然出てきたら逃げると思います。よくテレビで蛇を首に巻く人がいますが、絶対にまねはできないと思います。

さて夢の話に戻りますが、よく蛇が夢に出てきます。ここは兵庫県にある、何ともここち良い街並の城崎温泉の川沿いを歩いています。川辺には大蛇がいます。おそってくる様子がないので、橋の上から見ていると、川を泳いで、行ってしまいました。街の中を歩いていても、突然家の角の道から大蛇が出てきます。このときは恐怖心はないので、大蛇が通り過ぎるのを見ているだけです。今度は木の枝に大蛇がぶらさがっています。何でこんなに大蛇が出てくるのか不思議な夢でした。
　ちがう夢では、大蛇が家の外にいました。このときは恐怖で慌てて家の中に逃げ込みました。ガラス越しに見ていると、大蛇は勝手口のほうに行き、家の中に入ってきたような気がしました。この部屋に入ってきたらまずいと思い、違う部屋に移り、扉を閉めて息をひそめています。早く出ていってくれないか

動物編　蛇

と思いつつ、前にいた部屋に戻ると大蛇が入ってきました。やばいと思い窓ガラスをあけ、元にいた部屋へ逃げました。しばらく時間がたつと、家の外へ出ていったような気がして安心しました。
　また、白い蛇が出てきた夢を見たこともあります。現実の蛇には不気味さと恐怖心がありますが、蛇の夢を見てこれから先、宝クジが当たるとか、幸運な出来事が起こればいいなと思っています。

動物編　ライオン

大きな建物の中に、数十メートルはあろうかと思う、簡単に登れそうな岩山がいくつもあります。大木も何本もあります。動物園のようにも思われます。するとライオンが、大きな岩の陰から何頭か出てきました。私は、これはやばいと思いつつ、恐怖心はさほどないのですが、岩山の頂上まで登りました。下にいるライオンと、しばらくにらめっこが続きます。すると一頭のライオンが、岩山を登ってこようとしました。来るなよと思いつつ、岩山と岩山にちょうど大木の橋がかかっていたので、大木の橋を渡って、別の岩山の頂上に移りまし

動物編　ライオン

た。また、しばらくにらめっこをしています。すると別のライオンが、私のいる岩山を登ってくるではありませんか。またかよと思いましたが、運良く大木の枝が岩山まで伸びています。枝をつたわって大木に移りました。ライオンもあきらめたのか、どこかにいってしまいました。不思議なことに、あせりと恐怖心はまったくなかったです。

ここはアフリカの大草原のようです。一頭のオスのライオンが現われました。たてがみが立派で貫禄のある、まさに百獣の王といった感じです。逃げたら負けだと思いました。百獣の王と視線を合わせています。どのくらい時間がたったかわかりません。くしゃみをしたほうが負けだと思いました。するとこちら良い風が吹いてきました。ライオンのたてがみがなびいています。ライオンの鋭い目が、一瞬和らいだような気がしました。

ここで夢が終わりました。

ミステリー体験

　ある雑誌をめくっていますと、「生まれる前の記憶をもつ子供」という記事が目に入りました。私も母親のお腹の中にいるときの記憶があります。神様が「世の中を救う人になりなさい」と言ったのです。私はその頃から頭が良くなかったのか、それをつっぱねて神様にケンカを売ったのです。普通の人間として平凡な人生を送りたいと思ったのです。そして何を思ったのか私自身や体に傷をつけたのです。全身にホクロがあるのはそのせいかもしれません。顔やそのとき素直になっていたら、バラ色の人生だったでしょう。いやまったく逆

ミステリー体験

かもしれませんが？

49年間苦行の人生を送っていますが、助けられたことがあります。25歳のときにも長野から東京に引っ越しをしましたが、その当時ひどい金縛りに悩んでいました。最悪の状態で金縛りになっているとき、神様が体の上を通り過ぎた瞬間、金縛りがとけました。それ以来24年間は、金縛りとは無縁となりました。

先ほど苦行の人生といいましたが、去年の大殺界を無事に乗りこえ半生をふり返ると、波乱万丈というか、不思議な体験を多くしています。

大自然を大切にして、感謝の気持ちと、ありがとうという言葉を心から出せば、自然と誰かが助けてくれると思います。また、せちがらい世の中も変えられるんじゃないかと思っています。

17

日本海中部地震があった日のミステリー体験

私は子供の頃から不思議な体験をしています。この話は私が24歳のときの体験です。前日に海が見たいと思いたち、昭和58年5月26日、6時頃目を覚ましました。その頃は長野県辰野町にあった会社の寮に住んでいましたが、目が覚めると部屋の壁が真っ赤に見えました。しばらくしても赤く見えています。気を取り直して、天気の確認のため、外に出ました。予報では晴れでしたが、真っ黒なうろこ雲が空一面をおおって、今にも雨が降りそうでした。これで海を見に行くことを中止しようと決意して、また2時間くらい寝て起きると、なん

日本海中部地震があった日のミステリー体験

と快晴になっていました。まだ8時頃でしたので、400ccのバイクで日本海に向かいました。途中食事を摂り、糸魚川から国道8号を、親不知方面に向かうと、何台ものパトカーとすれ違いました。何があったのかわかりません。海岸の砂浜はとてもきれいに感じました。親不知あたりでバイクを降りて、海辺を散歩しました。おだやかな天候ですが、誰一人海辺に人がいません。そのときは波もおだやかでした。30分くらいいたかと思います。老人が一人歩いてきて、すれ違ったことを覚えています。それから帰路につき、県境のドライブインで、日本海で地震が発生して、津波警報がでていたことを、テレビで見ました。「日本海中部地震」です。

朝、真っ黒なうろこ雲を見ていなかったら、私は今いなかったかもしれません。

浅間山の爆発

子供の頃から浅間山の噴火や小爆発などを、実際に見てきました。今日は噴煙が上がっているかなと、確認するのが日課でした。夢でも浅間山の爆発をよく見ました。小規模の噴火や大爆発までです。

夢での大爆発は強烈です。私の街から見える浅間山というのは、前掛山の奥に浅間山の噴火口があるといった風景です。その前掛山の一部が吹き飛んで、形が変わるくらいの強烈な爆発です。真っ黒な噴煙が天高く上り、その後にオレンジ色をしたマグマが、猛烈に噴き出しています。マグマが山の下に、速い

浅間山の爆発

速度で流れていきます。しばらくすると、こぶし大くらいの火山石が飛んできました。危険なので木陰に隠れて見ていると、直径が1メートルもあるような、火山石が飛んできます。この世の終わりかと思うほどの大爆発です。マグマも浅間山の麓まで達しています。もしかしたら、私の家まで流れてくるんじゃないかと思うほどの勢いです。空は真っ黒な噴煙で、太陽の光が遮られ、夜が来たかのようです。早く安全な場所に避難したい気持ちで、とても不安な夢でした。

大津波

　大雨が降ると川は増水します。静かな川の流れが激変し堤防が決壊して、大災害を起こすことがしばしばありますが、私は子供の頃から川が氾濫して、激流になった状態を、眺めていることが大好きでした。半日眺めていてもあきないほどです。幸いにも、私の地方を流れる日本一長い千曲川（信濃川）は、本流では決壊したという記憶はないですが。
　さて夢の話に戻りますが、川が氾濫して街中が、水びたしになる夢も多く見ました。地球温暖化で北極、南極の氷が解けて海水が上昇し、深刻な状態にな

大津波

っている昨今ですが、私の夢では、標高700メートルまで来るような、大津波の夢も見ました。巨大な隕石が海に落ちたのでしょうか。巨大津波で街が海水に沈んでいきます。山をいくつも乗り越えても、津波の勢いがおとろえることがないのです。

私は高い山の頂上をめざし逃げ回っています。大雨で川も氾濫しています。私は山の中腹で高波におそわれて、激流にのみ込まれたのです。猛烈な勢いで流されていきます。しかし、不思議なことに水の底に沈むことはないのです。激流に身をまかせ、サーフィンをしているかのようでした。もう大海原にいるのでしょうか。しばらく自然に身をまかせながら、波乗りをしていました。そこでもいつも波の一番高い所にいて、海中に沈むことはありません。何日たったのかわかりませんが、海面が穏やかになると、今度は自分の力で泳がなければいけません。平泳ぎで泳いでも泳いでも、陸が見えるはずがありません。も

23

う疲れたと思い体力の限界になり、泳ぎをやめました。当然海の底に沈み始めたのです。そこで奇跡が起きました。イルカの群れが来て私を助けたのです。とてもここち良い気分になりました。しばらくイルカと遊ぶようにしながら、海面を進んでいきます。竜宮城へ亀の背中で行った浦島太郎になった気分です。すると大陸が見えてきました。これで命がつながったのです。イルカ達にお礼とわかれをつげました。この夢の中で不安になったのは、泳ぎに疲れて海に沈みかけたときだけです。大津波で激流に身をまかせているときも、スポーツ感覚でサーフィンをしているかのようでした。大津波は絶対に来てほしくはありませんが、この夢ではハッピーエンドとなりました。

空飛ぶ編　パート1

空飛ぶ編　パート1

記憶に残っている夢の中で、一番多く見ている夢は空を飛ぶ夢です。50歳近くになった今でもときどき見ます。数十回は見ていると思います。中には宇宙まで飛んで行く夢も数回あります。飛び方もさまざまで、いきなりスーパーマンのように、超高速で大空を自由に飛べるときもあります。また、最初は1回ジャンプして、平泳ぎのような格好で、ゆっくりと空に舞うこともあります。一度加速がつくと、つばめのように自由自在に、飛べるようになります。この夢はほとんど最高の気分になっています。シベリアのツンドラ地帯の上空を飛

んでいるときでも、夢ですので寒さは感じません。

渡り鳥のように、空中散歩をしていると、しばしば巨木の森が現われます。その高さというと、地球の大気圏の先端まで届きそうなくらいです。木の頂上まで行ったり、急降下したりして、夢の中で楽しんでいます。森をぬけると巨大な建築物が現われました。建物の中に興味があり、飛びながら入ります。特別の物があるわけではないのですが、いくつもの部屋をくぐりぬけて、大空に戻ったりします。

空を飛ぶ夢の中で、人間がでてくることはあまりないです。家の近くの空を飛んでいるときもあります。家の周りを行ったり来たりして、鳥になったかのように楽しんでいます。

この夢で何といっても、一番気分が爽快なのは、大自然の上空を飛び回っているときです。森の上空や、色とりどりの花畑、川のせせらぎを見ていると、

空飛ぶ編　パート1

心が落ちつきます。
人間の身勝手な欲で、自然が破壊されている現在、心をあらためないと、とんでもないバチがあたる気がしています。

空飛ぶ編　パート2

　空を飛んでいます。巨木の森の上空や、海上などを、スーパーマンのように飛びまわり、一瞬で海を渡りどこかの大陸にたどりつけることがあります。私の体はアストラルトリップに敏感なのでしょうか。アストラル体質、すなわち幽体離脱のようなものだと思います。スーパーマンのように飛びまわる、これもすごい夢なのですが、さらに夢をコントロールしてワープします。ワープすると宇宙まで飛ぶことができるのです。これは最近見た宇宙まで飛んだ夢なのですが、宇宙空間をしばらく飛んでいると、なにやら建造物のような物が現わ

空飛ぶ編　パート2

れました。その建物を探索していると、これは宇宙ステーションだと気づきました。現在スペースシャトルで、宇宙ステーションまで飛び、何日も滞在できる世の中です。私は夢の中で経験できたようです。
別の夢では宇宙空間を超高速飛行しています。宇宙の果てがあるかは、わからないのですが、飛び続けています。これでもかというくらい、超高速飛行しているのですが、何も現われません。何だか巨大なピラミッドの頂上に、向かっているかのようにも思われます。しかし、これだけ宇宙空間を飛び続けていると、もうこの辺で飛ぶのをやめようかという考えが、夢の中でもふと頭をよぎります。そして飛ぶのをやめ休憩しました。何だかピラミッドの中間あたり、もしかしたら、ここは須弥山(しゅみせん)の中腹なのかなと思いつつ、夢が終わりました。

UFO

　雑誌やテレビなどで、UFOの記事や特集などを、見ることができるようになりました。UFOの写真など、数多く見られるようになりましたが、それらの写真を分析しても、CG合成や細工の痕跡など、まったくない写真も、たくさんあるようです。日本の政治家も、UFOを容認するような発言をするようになりましたが、この広い宇宙、人間以外に高度文明で発達した惑星が、いくつあってもおかしくないと思います。私は実際にUFOを目撃したことはないのですが、夢の中ではよく出てきます。円盤型や葉巻型などさまざまですが、

UFO

上空を停止していたかと思うと、急にスピードを上げて、飛びさっていきます。ジグザグ飛行を繰り返してUFOが私に接近してくると、私は恐怖心が先にたち、物陰に隠れてUFOを観察します。早くどこかへ飛びさってくれないかなと思いながら見ていると、地球防衛隊のヘリコプターや、戦闘機が現われ、UFOを追撃することもありました。逆に戦闘機の後を、UFOが追撃するというシーンもありました。ミサイルやレーザー光線など、発射されることはないのですが、UFOと地球防衛隊とで、戦争をしているかのように思え、とても恐い夢でした。

人類に友好的な異星人がたくさんいて、今の地球を良い方向に導いてくれるのでしたら、自由に地球上空を飛び回り、地球に滞在してもらい、友好関係を結んで、他の星の文明と交流できればと思っています。私はUFOはもちろん、宇宙には高等生物が存在すると信じています。

宇宙編 パート1「2015年宇宙への旅」

目が覚めました。ここは薄暗い宇宙船の中です。地球を飛びたってから、月日がどのくらいたったのかわかりません。まだ頭がボーッとしています。しばらくカプセルの中で横たわっていました。地球を出発したのは2015年11月でした。カプセルの中で、地球時間をパソコンを使って調べた所、2017年1月です。1年2ヵ月もの時間を、宇宙船のカプセルの中で、眠っていたことになります。

意を決して、カプセル装置の扉を開けました。仲間は誰もまだ起きていない

宇宙編　パート1「2015年宇宙への旅」

ようです。宇宙船の窓から、宇宙空間をしばらく眺めています。地球から何光年の距離を飛んでいるのかは、専門の飛行士が起きてくるまで、待つことにします。私が地球を飛びたった目的は、地球と似た環境の惑星を発見することです。運良く発見できたならば、地球から何光年の距離かを調べて、特殊な電磁波を使用して、地球に送信するのです。そして後続の船団を迎え入れて、第2の地球として、移住するのが目的です。

宇宙空間を眺めて、時間がどのくらい経過したのでしょうか。仲間が1人カプセルから起きてきました。宇宙船の中には全部で7人搭乗しています。10日前後したら、7人全員起きて、目的に向かって仕事ができると思います。私が起きてから14日が過ぎて、全員がそろいました。それまでにいくつかの、惑星を通り過ぎました。氷の惑星は接近しただけで、宇宙船の機能がストップするような、極寒のイメージが湧いてきました。それから何日かがたち、宇宙船の

心臓部、スーパーコンピューターが、活発に惑星を探査しようとしています。
地球と似た星が、接近してきたのでしょうか。全員そろって歓喜の声をあげました。近づくにつれ、霧につつまれた惑星なのでしょうか、白く見えるだけで、どんな惑星なのか見当がつきません。大地があるのか、水は存在するのか、まだわからない状態です。霧につつまれた光の惑星に、突き進んで行くにつれ、船内の照明が点滅し始め、スーパーコンピューターも機能しなくなったのです。そして、何が何だかわからない状態で、真っ白な光の惑星の大気圏に飛び込んだ瞬間、今までに味わったことのない、とても幸福な感覚になったのです。大日如来のふところに、飛び込んだのでしょうか。
そこで夢から覚めたのです。

34

宇宙編　パート2

宇宙編　パート2

私は宇宙を旅しています。小型宇宙船に乗り、好きな惑星に立ち寄る自由人です。いろいろな星に行き、見聞を広め、自分に財産を築き、地球人に体験談を伝え、夢を与えることを、心から望んでいるのです。

ここはオリオン星雲第8惑星です。おもしろそうな星があったので、立ち寄ることにしました。宇宙船を降りると、砂漠の中にいくつもの、オアシスが点在しています。オアシスには、大小さまざまな泉があり、林の中に変わった家が建っています。ここは宇宙の別荘地なのでしょう。散歩をしていると、活気

あふれる楽しそうな家がありました。どうやら宇宙酒場のようです。酒でも飲んで旅の疲れをとろうと思い、店の中に入りました。中はさまざまな、異星人の集まりです。異様な雰囲気ですが、それぞれコンタクトして、会話をしています。異星人も私がめずらしかったのでしょうか。いっせいに視線をあびせられました。不気味さよりも、酒の誘惑に負け、カウンターで35度のアルコールを注文しました。しばらく飲んでいると、目つきの鋭いトカゲのような顔をした異星人が因縁をつけてきました。鋭い口調でまくしたてられます。他の異星人もかなり酒を飲んでいるのか、トカゲ顔の異星人に加勢してきました。これはやばいと思い、店の外に出ようと思いましたが、つまずいて転んでしまいました。そして数人の異星人に囲まれたのです。一人の女性の異星人が、店の中に入ってきたのです。ナイスボディで、思わずつま先から胸まで、見つめてしまいました。地球人に似ています。顔はあごが細く小顔ですが、美人でオー

宇宙編　パート2

ラが体じゅうから発散しています。私は見た瞬間、カマキリ夫人だと思いました。カマキリといっても超美人です。独特のオーラが出ていて「もう好きにして、あなたなら食べられても光栄です」といった感じです。地球人でたとえると、現役の大リーグ一番の高給取りと交際中の、大物歌手マドンナのような雰囲気をもっています。酒ぐせの悪い異星人にからまれているのも忘れ、もう一度ナイスボディを眺めてしまいました。するとカマキリ夫人と目が合いました。カマキリ夫人は、にこりとほほえみ、荒くれ異星人達を、一瞬のうちに片付けてくれました。そして私の横を通り「またいつか他の星で会いましょう」と、コンタクトしてくれたのです。私は今でも良いのにと思いながら、カマキリ夫人の後ろ姿を、いつまでも眺めていました。

金縛り編 パート1

私は生まれつき、霊媒体質なのかもしれません。子供の頃から悪霊に、とりつかれたときがあったようです。ただ、今も生きているということは、神様のエネルギーも、どこかでいただいているのだと思っています。

私が中学生の頃でした。夜寝ていると、強力な悪霊が来ることが時々ありました。その悪霊が来た瞬間、私は寝ていても意識でわかります。やばいと思っても、どこにも逃げることはできません。布団の中で踏んばっていると、その悪霊が、攻撃をしかけてきます。布団から引きずられる感覚になり

金縛り編　パート1

ます。さらに強力になると、空中に浮かされるような感覚になります。本当に浮いているんじゃないかと思うほどです。攻撃の手が少し和らぐと、今夜はもうどこかに行ってくれという気持ちになりますが、ふたたび攻撃されるのです。体が空中に浮かされる状態です。そんなことが一晩で、3、4回続くこともありました。そのときはものすごい恐怖なのですが、悪霊が去って一晩寝て起きると、私は肉体的にも、精神的にも、まったくダメージを受けていないのです。頭がアッパラパーなのか、肉体も丈夫なのでしょう。でもその当時はやせ型で青白い顔をし、貧弱に見えていたのではないかと思っています。朝起きて普通の生活に戻るのでした。悪霊のことは家族にも、友達にも話さなかったのですが、それが良かったことにしたいと思います。

さて時が変わって、高校を卒業してから、ある会社の寮に7年間お世話になったことがあります。そこでも、不思議な体験をしています。子供の頃も何回

かあったのですが、いつもと同じ場所にいて、突然別の世界（異次元）に入り込むような感覚になります。まったく別の風景が現われるのです。きまって前後の記憶は覚えていないのです。この体験は、別の機会に書けたらと思っています。

寮生活はけっこう快適でした。木造2階建てで、寮部屋は2階の7室の、小さなおんぼろ寮です。常時6人前後いたと思います。マージャンをしたり、毎日酒をくみかわしたりして、気楽に過ごしていました。

5年くらいたってからのことです。寮生の一人から、誰もいない寮で、足音が聞こえることがあるという話を耳にしました。そのときは聞き流しただけですが、ある日寮に私一人だけの日がありました。三交代勤務で会社で働いている人や、休日で実家に戻ったりする人とかがいて、寮で一人ということはよくありました。寮母さんは3食、食事を作ってくれて、いつも1階の離れにいま

金縛り編　パート1

す。そんな日、誰もいない寮の2階で、足音が聞こえるではないですか。誰かいるのかと思い、廊下に出てみましたが、人の気配はしません。そのときはそんなに気に留めませんでしたが、深夜一人で寝ていたとき、ふと目が覚めて、廊下に隣接する引き戸を見たら、身長70〜80センチくらいで、頭は体に比べて大きく、目のギョロついた妖怪が、私の部屋を覗いていたのです。その妖怪は茶色をして、いかにも不気味な顔をしています。目も大きくてジッと私のほうを見ていました。私は恐怖のあまり即座に失神しました。目が覚めると先ほどの恐怖は一切忘れて、普通の生活に戻ったのです。

　結論から言えば、私の体質は不思議な恐怖体験があっても、ダメージを残さない体質みたいです。悪霊も根負けして、すぐにどこかに行ってしまうのでしょうか。人生いろいろな困難があっても、自分にも、他人にも、そして自然にも、何か良いおこないをして生活していれば、きっと未来は開けてくると思い

ます。人生粘り強く健全な生活を送っていれば、夢と希望も実現し、素晴らしい時間を過ごせます。地球的危機があっても、善人が集まり協力していけば、地球的危機を解決して、新しい未来が開けることと期待します。そして素晴らしい不思議な体験も、たくさんできれば良いなと思っています。

金縛り編　パート2

　私は高校を卒業して、25歳まで、長野県辰野町にある会社に7年間勤めましたが、24歳頃から当時の生活に、疑問を抱き始めました。コツコツ働いていれば、普通の生活はできたと思いますが、環境が変われば、もっと素晴らしい人生が送れるんじゃないかと、単純に思ったのです。仕事は決まっていなかったのですが、東京の八王子で生活することを、決心しました。家族には、東京で特許でも取るとか、言っていたかもしれません。
　東京で生活を始めてからは、しばらくのんびりした日々を送りました。

何かを発明して、特許でも取れれば、毎日優雅な生活が送れると思ったのですが、その努力は、まったくしませんでした。

数ヶ月が過ぎると、退屈な日々に変わってきました。貯金はそこそこありましたが、バイトをすることにしました。そこの会社の社長さんが同郷の人で、結構面倒を見てもらいました。そして東京でも、普通のサラリーマン生活に戻ったのです。

その当時、アイドルの岡田有希子が自殺したニュースが、テレビで放映されました。私は岡田有希子の熱狂的なファンではなかったのですが、ニュースが放映された後、とめどもなく涙が出てきたことを覚えています。自分でもなぜかわかりませんが。

その頃ちょうど同じく、金縛りになることが、しばしばありました。原因はわかりません。寝ていると、じいさんやばあさんが、私の体の上にいます。体

金縛り編 パート2

はまったく身動きできない状態です。金縛りが解けると、悪い汗をかいて、最悪の目覚めの状態です。また、次の日も金縛りになりました。今度は子供や得体のしれない、妖怪じみた物が体の上にのっています。当然私の体は身動きできずに、もがき苦しんでいます。そんな生活が何日か続きました。そしてまた、金縛りにあったときです。夢魔にでも取りつかれたのでしょうか。じいさん、ばあさん、そして妖怪が重なりあって、私の体の上にのっています。時間がどのくらい経過したかはわからず、もがき苦しんでいました。

そのときです。救世主が現われたのです。救世主は窓を通りぬけてやって来ました。それが誰かはひと目見ただけでわかりました。その姿は、イエス・キリストでした。私の体の上を通り抜けた瞬間、妖怪たちがどこかに、吹き飛んで行きました。目覚めて意識が戻り、体を動かしたときは、なぜか安心感がありました。もう悪夢は見ることはないだろうと思ったのです。そして予想通り、

それ以来金縛りとは、無縁となりました。イエス・キリストの姿は、今でもはっきり、私の心の中に残っています。神様や悪魔がいるかどうかは別にして、いい出来事は信じ、信ずる者は救われる、を頭に入れて、今現在の地球の大自然を守り、人と人との思いやり、コミュニケーションを大事にして、戦争が起こらないように各国が努力し、個人でも一日一善を目標にして、素晴らしい充実した人生を送る。こうした意識を、常に持っていれば、自然と幸福な場所に辿りつけると信じています。

エロス編　パート1

エロス編　パート1

私は30歳くらいから、新しいジャンルの、夢を見るようになりました。私にとっては、大変うれしい夢です。

それは女性の裸体が、夢の中に出てくるのです。あるときは、豊満な乳房が映しだされます。全身のときもあります。みな若くて美人の女性が出てきて、艶かしいポーズをとってくれることもあります。写真を見ているかのように、動かないときもありますが、鮮明なオールカラーで、夢を見ることもあります。顔の輪郭もわかります。

私は夢の中で、夢なのか現実なのか、錯覚をおこし、これは現実であってほしいと、夢を見ながら嬉しい悲鳴をあげ、興奮しているのがわかります。この夢は早く終わらせない、と夢を見ながら懸命になっている節も、見受けられるようです。そして結構長く見続けられるときもあります。もう私は興奮状態で、ムスコも元気一杯です。とても幸せな感覚になっています。

そして夢から覚めると、ラッキーな夢を見たと思いつつ、再びすぐに眠りにつきました。

エロス編　パート2

エロス編　パート2

夢の中で美しい女性が出てきて、ストリップ劇場にいるかのような感覚になったことが、良くありました。そしてそれが更に進化して、実に艶かしいSEXまでするようになりました。それも芸能人とです。実名を出すと問題になりそうなので、私の心の中にしまっておきます。一人は十代から活躍して、現在は引退しています。夢で初体験した人です。

2人でベッドの上で、見つめあっています。自然と唇と唇が重なりあいました。唇は柔らかく温かくて、甘い蜜の香りと味がします。名を理沙にします。

「理沙、愛しているよ」
　耳元で囁きながら、私は首筋を這わせていきます。形のいいピンク色の乳首を舌でころがすと、硬く尖ってきました。
「あああぁいい」
　理沙は声を震わせながら、体をくねらせます。愛撫を続けると、白い透き通った柔肌がほんのり紅潮し、お腹を小刻みに震わせます。
「あぁぁだめ早くきて」
　という声を無視して、震えるお腹を見つめながら、背中を両腕で強く抱きしめると、体全体がのけぞります。お腹から下へと唇を這わせると、薄い形の良い繁みの下で、あまずっぱい香りがたちこめます。指でそっとなでると、シーツを掴みながら、
「あああぁ気持ちいぃー」

エロス編　パート2

と言って、声を荒らげました。両足を固く閉じようとしましたが、指を性器にあてて、理沙の様子をうかがいました。観念したかのように、両足の力がぬけていきました。理沙のあそこは、だいぶ潤っています。そして私と理沙は合体しました。

ここで夢の終わりです。

夢にしてはとてもリアルでした。他にも何人かの芸能人と合体しているのですが、それは別の機会に書けたらと思っています。そして皆様の幸せを心から祈っています。

幻視（幻覚）編

小学生低学年の頃、2回龍を見たことがあります。どこで見たかというと、建物の中です。

最初は小学校の講堂で、私を含めて数十人が座っていました。講堂の壇上からいきなり龍が、私の頭上を飛んでいったのです。見えたのは私だけだったのでしょうか。5〜6メートルはあろうかという大きさでした。絵や掛け軸に描いてある龍の姿と同じでした。私は内心驚いた半面、なんで龍が突然現われたのか不思議でした。まわりを見回しても、他の人たちは何の反応もありません。

幻視（幻覚）編

私もビクついたり、声を出したわけでもなく、通り過ぎるのを見ていただけですが、一瞬の出来事でした。

後一回は、ときは同じ頃、地域の公民館の中で龍を見ました。そのとき、小さな公民館の中で、スクリーンに何か映写していました。内容はまったく覚えていませんが、そこでもスクリーンから、いきなり龍が飛び出して来たのです。公民館は満員の状態でした。そこでも龍の姿を見たのは、私だけかもしれません。しかし、私の頭の中と心に、しっかりと龍を見たという記憶が、いつまでも忘れずに残りました。

小学生の頃の私の精神状態は、どうだったのかわかるはずもないです。これから架空の動物である龍を見ることはないと思いますが（夢の中で出て来るかもしれません）、かなり変わった幻視体験だと思います。

異次元編

 私は星の街長野県臼田で生まれました。八ヶ岳中腹には、臼田宇宙空間観測所もあり、大型のパラボラアンテナの施設もあります。星空を見るには、最適の地で育ったかもしれません。私も子供の頃から、星を見ることが大好きでした。冬の夜空を見上げて、まず目に入るのはオリオン座です。子供のとき「この星座はオリオン座だよ」と、教わったことはないのですが、この星はオリオン座だと、確信していました。ひょっとしたら私の前世は、オリオン座なのかもしれません？ テレビでもコリン星の人や、缶コーヒーの好きな異星人が、

異次元編

活躍しているくらいですから。

子供の頃夕食をすましてから、寒さを忘れて星座を眺めていたときのことです。その頃は街の明かりも少なく、何万という星が、夜空いっぱいに広がっていました。プラネタリウムの中にいるのと、勘ちがいしそうな程です。

すると、一瞬光を浴びたような感じを受けました。何の光かわかりません。ふたたび夜空を見上げると、別世界にいるような気持ちになりました。星が一斉に流れ星となったのです。それも東西南北一面で、北から南へとぎれることもなく、流れ星が見えました。何年か前に話題になった、しし座流星群どころではありません。夜空を見ている時間は、流れ続けています。子供心に別世界に入ってしまったのかと思いました。時間にしてどのくらい流れ星を見続けたかはわかりません。また、その後もどうやって家に戻ったか記憶がありません。夜外に出て光を浴びてから、記憶がとんだのでしょう。北から南に流れる無数

の流れ星を見た記憶だけが残っています。とても不思議な体験でした。

それ以後、光を浴びなくても、突然異次元に入り込む体験は、大人になってからも数回あるのですが、きまって、異次元を出てからの記憶はなく、どうやって家や寮に戻り、朝をむかえたのか、まったく覚えていないのです。ただし25歳以降は、このような経験はしなくなりました。異次元に至福な楽園があるとしたら、そんな場所に住んでみたいものです。天国の世界、死んでから行くものでしょうか。しかし、悪いことをしたら、地獄に堕ちそうなので、残りの人生は清く正しく生きて、楽しい生活を送れたら良いなと思っています。

著者プロフィール
高見沢 天（たかみざわ てん）

長野県出身
長野県立臼田高等学校卒業
多種多様の職業を経験、不思議な体験も多数有り
現在東京都在住

夢物語

2009年8月15日　初版第1刷発行

著　者　　高見沢　天
発行者　　瓜谷　綱延
発行所　　株式会社文芸社
　　　　　〒160-0022　東京都新宿区新宿1-10-1
　　　　　　　　　電話　03-5369-3060（編集）
　　　　　　　　　　　　03-5369-2299（販売）

印刷所　　神谷印刷株式会社

ⒸTen Takamizawa 2009 Printed in Japan
乱丁本・落丁本はお手数ですが小社販売部宛にお送りください。
送料小社負担にてお取り替えいたします。
ISBN978-4-286-07365-1